AF226766

NOTICE

SUR LA VIE ET LES OUVRAGES

DE

H.-A. DUPONT

INSTITUTEUR

Par M. MATTER

Ancien Inspecteur général des Études

~~~~~~~~~~

PARIS

LIBRAIRIE DE PAUL DUCROCQ

SUCCESSEUR DE SON PÈRE

55, rue de Seine, 55
~~~~~~~~~~

NOTICE

SUR LA VIE ET LES OUVRAGES

DE

M. H.-A. DUPONT

INSTITUTEUR

NOTICE

SUR LA VIE ET LES OUVRAGES

DE

M. H.-A. DUPONT

INSTITUTEUR

Par M. MATTER

Ancien Inspecteur général des Études

PARIS

LIBRAIRIE DE PAUL DUCROCQ

SUCCESSEUR DE SON PÈRE

55, rue de Seine, 55

NOTICE

SUR

M. H.-A. DUPONT

C'est à une illustration modeste, si ces deux mots peuvent s'allier, mais à une illustration réelle que nous allons rendre, en quelques pages écrites sans apprêt, mais avec de profondes sympathies, un hommage qui sera, nous l'espérons, trouvé juste et offert avec nous par bien des familles à la mémoire d'un homme d'un mérite éminent.

Le mérite en ce monde a ses chances comme toute chose y a les siennes. Une fois les renommées établies, elles grandissent facilement ; chacun aime à se montrer à leur égard aussi généreux qu'enthousiaste, et d'exagération en exagération, on passe du simple éloge à la véritable apothéose. Il n'est pas aussi facile de faire reconnaître des gloires moins éclatantes, quand même elles sont tout aussi légitimes et plus appréciables par le grand nombre.

On n'en éprouve que plus de plaisir quand on est appelé par la reconnaissance d'un ami à venir aider un peu pour que justice entière soit rendue à une de ces gloires. Pour mon compte, je remplis d'ailleurs un devoir en me laissant aller au plaisir de seconder une des plus grandes vertus et une des plus belles choses de ce monde, l'amitié et la reconnaissance d'un homme de bien très-connu dans les écoles de France, et qui a bien voulu me demander ces lignes.

J'ai beaucoup connu M. Dupont, je l'ai vu à l'œuvre, j'ai un peu appuyé ses efforts, j'ai singulièrement aimé sa méthode, sa vie, sa personne. A l'époque où M. Cousin et M. Saint-Marc Girardin publiaient leurs beaux travaux sur l'instruction publique en Allemagne, et où M. Guizot, ministre, faisait passer les plus pratiques de leurs idées dans les lois et dans les institutions du pays; à l'époque où je me laissai aller à tous les attraits qu'offre la science de l'éducation et en particulier la recherche des méthodes, je vis M. Dupont et je fus frappé de son incontestable supériorité dans l'art de les rendre fructueuses. Je ne l'ai plus perdu de vue depuis cette époque, et à sa passion habile pour l'enseignement, je l'ai vu unir de si grandes qualités du cœur, qu'il me serait impossible de ne pas aimer à les redire, à les proclamer haut avec les familles reconnaissantes de ses éminents services.

Je voudrais surtout être en état de montrer comment M. Dupont est devenu ce que nous l'avons vu, par quelles études, quelles leçons, quel ordre d'idées, quelles transformations successives. Malheureusement peu occupé de son histoire à venir, il n'a pas laissé d'indications à ses biographes, et je suis réduit pour les années de sa curieuse jeunesse à quelques lignes parfaitement inspirées à la piété d'un de ses amis, mais laissant d'inévitables et de très-regrettables lacunes. Il nous en faut prendre notre parti et accepter cette jeunesse voilée par la volonté de la Providence comme celle de tant d'autres hommes distingués. Ce qui intéresse d'ailleurs les familles justement reconnaissantes au nom de l'enfance, ce sont moins les phases laborieuses que les époques brillantes de la vie de ses bienfaiteurs.

Nous ne sommes pas, au surplus, tout à fait privés de données positives sur les phases laborieuses de celui qui nous occupe.

Hippolyte-Auguste DUPONT, le plus célèbre des divers professeurs de ce nom qui figurèrent dans les almanachs de l'Université quand nous eûmes l'honneur de la servir plus activement qu'aujourd'hui, naquit à Arboras, petite commune du département de l'Hérault, le 5 février 1787, dans une famille de pauvres vignerons, qui, bientôt après sa naissance, alla s'établir au village peu éloigné de Saint-Saturnin.

Les années 1792 et 1793 répondaient à celles où il devait faire ses premières études. Il n'en fit pas. On n'apprit pas même le français au futur grammairien. Jusqu'à l'âge de douze ans, il ne connut et ne parla que le patois de son pays, c'est-à-dire l'une des innombrables nuances de cette vieille langue d'Oc, dont, pour lui, enfant du peuple, toute la littérature se réduisait à quelques chansons de village. C'est en apprenant le catéchisme qu'il apprit le français, et c'est en cherchant à en déchiffrer les mots sans trop d'aide qu'il eut la première et faible conception de sa future méthode, celle de lire les lettres par groupes au lieu de les séparer.

Cela annonçait une intelligence qui ne devait pas se borner au travail d'un vigneron, et après sa première communion, ses parents firent de Dupont un petit marchand : ils l'envoyèrent vendre du fil et des aiguilles à Montpellier et dans les villages environnants. Son patois fut une difficulté, et ceux qui lui achetaient alors sa modeste marchandise, dit fort bien la note que j'ai sous les yeux, ne se doutaient guère que le pauvre enfant qu'ils avaient peine à comprendre enseignerait un jou avec tant de distinction le français et l'art de l'enseigner. Le jeune homme qui venait d'apprendre son catéchisme d'une manière si remarquable, était bien résolu de vaincre rapidement la difficulté que lui créait son idiome, et il appliqua sa méthode à tout ce qui lui tombait sous le regard, aux moindres imprimés et jusques aux enseignes du commerce : tout devenait pour lui sujet et moyen d'étude.

Cela ne pouvait échapper aux hommes sérieux, et la Providence a toujours soin de mener chacun auprès de ceux qui peuvent l'aider et le préparer à son œuvre. Un régent de collége, charmé de l'air intelligent du petit marchand, de son désir d'apprendre et de sa conversation déjà sensée, donna au futur auteur de la *Citolégie* quelques livres de lecture et des modèles d'é-

criture. « Jamais, disait Dupont, je ne
ressentis une joie plus profonde. Je ne me
séparais plus de mes livres; je les lisais
partout : en mangeant, en marchant; et
le soir je m'endormais avec eux sur mon
grabat d'auberge, où le plus souvent je
n'avais été admis que par charité. »

Pendant quelques années encore, le
marchand forain qui lisait avec tant d'avi-
dité et s'exerçait sur ses modèles d'écri-
tures où il pouvait, continua son pénible
métier. Une grande affliction qui vint le
surprendre amena enfin son entrée dans
sa vraie carrière. Étant tombé malade,
dans un petit hameau du département du
Gard, il fut soigné avec tant de bonté par
les habitants, qui aimaient leur petit col-
porteur , qu'à sa convalescence il accepta
avec plaisir la proposition qu'ils lui firent,
de garder leurs enfants et de leur apprendre ce qu'il savait. Ses gages furent de cinq

francs par mois; les familles le nourris-
saient chacune à son tour. Il ne se conçoit
rien de plus patriarcal. Dupont fut heureux de se trouver maître d'école afin de
pouvoir étudier. Il se mit au travail avec
ardeur, et s'appliquant surtout à l'écriture,
qui avait pour lui les plus grands attraits,
il fut bientôt un des meilleurs calligraphes
du département.

Dès 1807 il fut nommé professeur d'é-
criture au collége de Clermont-l'Hérault.

Placé au milieu d'hommes instruits,
Dupont, qui n'avait pas encore de brevet
et qui ne savait que la lecture et l'écriture,
fit à Clermont des études régulières et fut
bientôt reçu instituteur.

C'était à l'époque de la création de l'U-
niversité impériale, qui embrassait dès lors
l'école primaire comme l'école de droit et
l'école de théologie, mais ne s'occupait
guère de la première, se réservant de créer

un peu plus tard parmi nous l'enseignement que déjà possédaient quelques-uns
de nos voisins, et que le rapport de Georges Cuvier, alors inspecteur général de
l'Université, sur l'instruction publique en
Hollande, signalait à n   attention. Ce que
l'on avait de mieux en fait d'écoles primaires, c'étaient celles de quelques petits col-
léges, car les lycées n'en admettaient pas.
Le collége d'Agde voulut en avoir une, et
il appela, pour la diriger, M. Dupont, qui
se rendit à l'appel, heureux de passer, de
maître d'écriture, professeur de grammaire.

Il en fut si heureux qu'il crut pouvoir
s'établir, et qu'il se maria dans cette petite
ville.

Toutefois, la nouveauté de ses idées
amena bientôt en lui le désir de gouver-
ner en leur nom une école indépendante,
et, au bout de deux ans, il alla en fonder

une à Marseillan, autre petite ville de l'Hérault. Voulant y employer sa nouvelle méthode, et ne trouvant pas d'éditeur pour faire les frais de ses tableaux, il prit le parti de les imprimer lui-même en empruntant les caractères qui lui étaient nécessaires. Les succès qu'il obtint par ce moyen furent si remarquables, que l'autorité académique de Montpellier l'invita à se fixer au chef-lieu de son ressort.

M. Dupont n'hésita pas. Poussé par son esprit ardent et inventif d'étape en étape, élevé de degré en degré, il alla ouvrir une école à Montpellier, y publier sa méthode de lecture et s'y mettre décidément hors de pair par la bonne tenue de son école, par la marche rapide de ses élèves. Dès cette époque, sa méthode eut non-seulement des partisans, mais des imitateurs et des plagiaires.

Il en eut plus tard, et cette spoliation,

***

qui l'affecta profondément, devint une des préoccupations les plus pénibles de ses dernières années. Il est naturel que ceux qui font tout par eux-mêmes, qui créent leurs procédés, leur sort et leur nom, attachent du prix à leurs travaux, et n'aiment guère ceux qui les dépouillent de leur vivant et sous leurs yeux, sans même daigner leur rendre la justice qui leur est due.

A la tête d'un établissement primaire très-distingué, M. Dupont ne resta à Montpellier que jusqu'en 1828. Chacune de ses transplantations amenait un succès et chaque succès une transplantation nouvelle.

M. Soulacroix, auteur d'un des recueils les plus utiles sur l'instruction primaire, et qui l'avait vu à l'œuvre en inspectant l'Académie de Montpellier, étant devenu recteur de Nancy, l'appela dans cette ville où l'instruction primaire était dès lors fort appréciée. M. Dupont y fit encore un grand pas. Jusque-là il instruisait, il n'élevait pas. M. Soulacroix lui fit accorder le titre de maître de pension, et lui ouvrit la carrière de l'éducation véritable.

C'est à cette époque, marquée par ce que nous appelons les belles ordonnances de 1828, époque d'un grand et décisif mouvement dans l'instruction primaire, amené par l'esprit du temps, compris par M. de Vatimesnil qui écoutait Georges Cuvier,— c'est à cette époque que j'eus le plaisir de rencontrer l'énergique fils du Languedoc devenu un des *méthodistes* notables du jour. Il venait de faire paraître son ingénieuse *Méthode pour mettre la grammaire à la portée de l'enfance*; je venais de publier le *Visiteur des écoles*. Attiré à Strasbourg par l'excellent recteur de l'Académie, M. Ordinaire ; par la renommée d'une École normale, la première en date de toutes celles de France ; par d'autres circonstances peut-être, M. Dupont se présenta chez moi avec mes deux jeunes fils, qu'il avait saisis au passage et qu'il s'était à ce point attachés par d'habiles questions de langue, qu'avec lui ils me demandèrent d'avoir encore quelques séances de grammaire. Elles eurent lieu et tous quatre nous en fûmes charmés. Dès ce moment, la liaison de mes fils avec M. Dupont, comme la mienne, fut contractée pour la vie.

Son séjour à Nancy ne se prolongea que jusqu'au moment où un inspecteur général de l'Université, très-sensible au mérite d'une bonne grammaire, M. Burnouf père, vint visiter les Académies de l'Est.

Changer encore quand on se trouvait bien et après avoir changé si souvent déjà ; s'établir à Paris et s'y installer en réformateur aussi, c'était un parti grave à prendre. Mais M. Burnouf avait, par son illustre fils, son prédécesseur à l'Institut et son successeur dans l'Inspection générale de l'Instruction publique, une jeune famille à élever; il insista, et M. Dupont, qui n'était pas homme à douter de lui-même, alla, en 1835, ouvrir une maison d'éducation à Paris.

A Paris, M. Dupont ne s'amusa pas à retoucher ses livres, à perfectionner ses méthodes, il agit, il forma des élèves. Il se les attacha par la rapidité de leurs progrès, et il gagna les familles par les facilités qu'il leur procurait pour la fréquentation de sa maison. Cette maison, il l'avait établie dans le quartier le mieux choisi, près du collége Bourbon (lycée Bonaparte), qui n'a pas de pensionnaires. Des familles d'autres quartiers désirant lui envoyer leurs enfants, tout en les gardant sous le toit paternel pour ajouter l'éducation domestique à celle de la pension, M. Dupont, qui ne reculait devant aucun sacrifice utile, créa l'*Omnibus* de l'école, omnibus fort élégant, fort commode, bien attelé, bien conduit, prenant les élèves à leur domicile, après le déjeuner du matin, les y ramenant pour le dîner du soir. On le sait, cela plut beaucoup, et telle fut la vogue de la pension Dupont, qu'il fallut y ajouter un agrandissement après l'autre. Telle fut la renommée de ses études, de son esprit de famille, que le roi Louis-Philippe exprima un jour le désir que ses petits-fils fussent instruits d'après cette méthode, autant que possible et en ce qui concernait les éléments.

Il fallait voir M. Dupont au milieu de ses élèves pour comprendre son action sur eux, ses succès, leur attachement. Il les animait de sa parole, de son geste, de son regard, de tout le feu de sa belle âme, réveillant en eux toutes les flammes de la leur. Son esprit fin et régulier, essentiellement logique, s'unissait à son cœur pour alimenter leur curiosité ou éperonner leurs engourdissements.

M. Dupont devait réussir. J'ai dit qu'il ne reculait devant aucun sacrifice, qu'il était plein de confiance en lui-même et doué d'une rare habileté. Il avait, pour réussir, mieux que cela. C'était un homme de beaucoup de cœur. S'il fit de notables sacrifices pour des enfants distingués, mais peu favorisés de la fortune, ce ne fut pas là ce qui me frappa le plus dans sa conduite ; ces sacrifices, d'autres peuvent les faire aussi ; il s'en fait beaucoup dans l'intérêt d'une maison, et, certes, M. Dupont en fit pour cet intérêt, qu'il ne faut pas affecter de traiter avec dédain, mais il les fit au nom de son cœur. J'ai le droit de le dire, et si j'ai un peu l'obligation de le faire au nom de l'amitié, c'est avec joie que je remplis ce devoir.

M. Dupont s'est montré généreux avant d'être à son aise, et toujours au nom de la grande passion de sa vie, l'amour de l'enseignement. Dans des conférences gratuites et publiques avec les instituteurs, où il brillait encore plus qu'au milieu de ses élèves ordinaires, il prodiguait à tous les idées les plus ingénieuses et toutes les excitations du feu qui l'animait; dans sa maison, hôte empressé, il partageait son pain avec ceux qui avaient besoin de directions spéciales, et qui n'auraient pu faire les frais d'un séjour prolongé dans les villes qu'il habitait.

M. Dupont était arrivé à l'apogée de sa carrière. L'accroissement continuel de sa maison, le besoin d'un collaborateur initié aux études classiques, le désir de revoir ses livres après avoir conduit son œuvre où elle en était, l'engagèrent à y associer

M. Tuffier, à qui bientôt il en céda la direction, et qui la transporta, trop agrandie pour le local qu'elle occupait, rue du Faubourg-Saint-Honoré, où elle maintient son rang.

Retiré à Versailles, jouissant d'un repos mérité, d'une aisance rare dans cette carrière, et due en grande partie à ce qui devait flatter le plus son amour-propre, la vogue de ses livres, M. Dupont termina doucement son honorable carrière le 9 février 1855, mais isolé de tous les siens, excepté les rares amis d'un homme en retraite. De grandes douceurs avaient réjoui cette vie si belle sous plusieurs rapports, mais elle avait eu ses peines et ses amertumes.

Une vive espérance conçue avec une noble ambition, excitée par une loyale promesse, tardait aussi trop à ses yeux à se réaliser pour lui. La circulaire ministérielle de M. Guizot aux instituteurs de France (1833), leur avait ouvert cette perspective, qu'une glorieuse distinction pourrait quelquefois venir briller sur leur poitrine. Cette émouvante perspective, en paraissant trop longtemps et sans cesse s'éloigner, agitait péniblement le cœur de notre ami. Quand on l'avait mandé au Château pour avoir ses conseils, il en était sorti avec la persuasion que la croix de la Légion d'honneur suivrait de près une marque de confiance si flatteuse. Mais alors M. Dupont, qui avait été un instituteur primaire du premier ordre et hors de pair, devenu maître de pension, avait beaucoup de pairs. Toutefois, vivement sollicitée par plusieurs d'entre nous, cette consécration d'une longue et laborieuse carrière, d'une juste renommée et de méthodes ingénieuses, vint enfin, par les mains du comte de Salvandy, dont la

némoire est si chère à l'Université, couron-
1er les plus utiles des travaux et embellir,
en consolant de légitimes douleurs, les jours
1vancés d'une vie dont nous recomman-
lons la mémoire et le culte aux familles.

Nous leur recommandons la tombe trop
modeste et déjà ignorée de Dupont. Peut-
être l'homme qui fut pendant trente ans
1u premier rang et à la tête de nos insti-
uteurs, peut-être l'inventeur dont les méthodes exercèrent sur l'enseignement pu-
blic une action si profonde, peut-être
l'auteur dont les livres sont appréciés
même à l'étranger, car l'Angleterre les
adopte pour ses études françaises, méri-
tait-il qu'il se fît un peu plus de bruit
au jour de ses funérailles.

Mais pourquoi demander follement du
bruit en faveur de ceux qui, avant d'aspi-
rer au repos céleste, jouissaient avec dé-
lices du repos terrestre?

Pour nous, qui avons aimé Hippolyte-Auguste DUPONT, unissons-nous avec le recueillement d'une affection pleine d'avenir dans la pieuse pensée d'honorer la mémoire d'un homme qui a généreusement consacré sa vie au perfectionnement des méthodes, et qui a fait faire un grand pas à la science de l'éducation.

LISTE

PAR ORDRE DE LEUR PUBLICATION

DES

OUVRAGES DE H.-A. DUPONT

VIS. —Tous les Ouvrages de notre catalogue sont envoyés franco, contre le montant en mandat-poste ou timbres-poste, au prix marqué.

LA CITOLÉGIE EN TABLEAUX

l'usage des Écoles *d'enseignement mutuel et d'ensei- gnement simultané,*

Approuvée par le conseil supérieur de l'Instruction publique.

ÉDITION EN 32 TABLEAUX, *avec phrases*, en feuilles.   2 fr. 50
Collée sur 16 cartons, en plus. 5
ÉDITION EN 34 TABLEAUX, *avec mots isolés*, en feuilles,
2 fr. 50
Collée sur 17 cartons, en plus. 5
Nota. — Les 8 premiers tableaux de chaque édition se vendent séparément en feuilles. . . . . 0 fr. 60
Collés sur 4 cartons, en plus. 1   20

LA CITOLÉGIE

OU L'ART D'APPRENDRE PROMPTEMENT A LIRE,

à l'usage des Élèves. 1 vol. format carré, de 80 pages.

Ouvrage approuvé par le conseil supérieur de l'Instruction pu- blique.
Ce livre est la reproduction à peu près complète de la Citolégie en tableaux.

Il existe également, comme pour les tableaux, 2 éditions
Édition avec phrases (couverture rose). Broché. . . 25 c
— — Cart. . . . 35 c
Édition mots isolés (couverture jaune). Broché. . . 25 c
— — Cart. . . . 35 c

Édition portative à l'usage des Instituteurs

DE

LA CITOLÉGIE

Nouveau maître de lecture ou l'art d'enseigner promptement à lire.

En regard de chaque leçon est une instruction où l'auteur explique et développe son ingénieuse méthode de la façon la plus claire ; qu'on la suive scrupuleusement et le succès est aussi rapide que certain. .

Prix, broché. . . . . 90 c.

LA CITOLÉGIE

A L'USAGE DES MÈRES DE FAMILLE.

19ᵉ Édition, contenant l'*application de la Nouvelle Épellation à l'étude de l'orthographe usuelle*. 1 vol. grand in-8°, imprimé sur papier jésus vélin. Prix broché. . 2 fr. 50
Cartonné. 3

Cet ouvrage, *approuvé* et *recommandé* par l'*Université* pour les écoles normales primaires, présente deux leçons en regard l'une de l'autre — d'un côté la leçon de l'élève — en regard, l'instruction relative à cette même leçon.
C'est un guide infaillible, non-seulement pour l'enseignement de la lecture, mais encore pour celui de l'*orthographe d'usage*, dont les procédés, loin d'être *mécaniques*, ne reposent que sur une logique qui influe puissamment sur les études futures de l'enfance.
C'est un avantage qu'on ne devrait jamais oublier.

NOUVELLES LECTURES GRADUÉES

Conversations et Historiettes

Première partie, — 41ᵉ *édition*, imprimée en *très-gros caractères*, et présentant dans les cinquante premières pages des phrases uniquement composées de mots mono-syllabiques. 1 vol. in-18. . . . . 60 c.

AVEC CETTE ÉPIGRAPHE :

Nous n'aimons à lire que ce que nous comprenons.

Ouvrage approuvé par le conseil supérieur de l'Instruction publique.

Le même ouvrage, 2ᵉ 3ᵉ et 4ᵉ Parties, présen-tant également, dans des phrases courtes, quoique formant toujours un sens complet, les premiers principes de la mo-rale et de la politesse. Chaque vol. in-18. . . . 60 c.

Ouvrage approuvé par le conseil supérieur de l'Instruction pu-blique.

PREMIER LIVRE DE LECTURE COURANTE

ou

L'HISTOIRE SAINTE MISE A LA PORTÉE DES JEUNES ENFANTS

17ᵉ ÉDITION. 1 vol. in-18, cartonné. . 70 c.

Cet ouvrage, qui forme le 5ᵉ volume des *Lectures graduées*, est autorisé par le conseil supérieur de l'Instruction publique, et ap-prouvé par Mgr l'évêque de Nancy, et par Mgr l'évêque de Versailles.

PETITS CONTES

Précédés d'un moyen d'étendre le vocabulaire des enfants. 17ᵉ édition. 1 vol. in-18, cart. . . . . 35 c.

NOUVELLES LECTURES GRADUÉES

Format in-12,

RÉCITS SUR LES PREMIÈRES CONNAISSANCES USUELLES

Ouvrage propre à développer l'intelligence des enfants
Entremêlé de règles sur l'art de lire à haute voix.

Approuvé par le Conseil supérieur de l'Instruction publique.

1 joli vol. in-12. Nouvelle édition, imprimée en caractères
d'une grosseur graduée. Prix cart. . . . . . 1 fr. 25

ABRÉGÉ DE LA SAINTE BIBLE

1 fort volume in-18. Prix cart.   90 c.

Ouvrage autorisé par l'Université et approuvé par Mgr l'archevêque
de Paris et par Mgr l'évêque de Beauvais.

MÉTHODE POUR METTRE LA GRAMMAIRE

A LA PORTÉE DE L'ENFANCE.

2 vol. in-12 qui se vendent séparément.

La **1re PARTIE. — 10e Édition,** comprend :
L'Étude des mots. . . . . 1 fr.

La **2e PARTIE. — 6e Édition,** forme :
La **Phraséologie française élémentaire,** et comprend :

1° Étude de la proposition simple. — Questionnaire.
2° Etude de la phrase.
3° Syntaxe des mots. — Questionnaire.

1 fort vol, in-12. Prix cart. . . . . . . 1 fr. 50

JESTIONS D'ARITHMÉTIQUE PRÉPARATOIRE

OU DE CALCUL MENTAL.

Nouvelle édition.

PARTIE.—*Addition* et *Soustraction*. 1 vol. in-18, cart. 40 c.
PARTIE.—*Multiplication* et *Division*. 1 vol in-18, cart. 40 c.

Plus de 800 problèmes, sous forme de conversation, tous solubles tête, font de cet ouvrage un des plus piquants pour exciter l'émul*ion et fixer le jugement souvent trop méconnu des jeunes enfants équels la longue carrière de M. H.-A. Dupont a été consacrée.

ARITHMÉTIQUE PRATIQUE DES ENFANTS
1 vol. in-16, broché. . . 30 c.

PETIT SYLLABAIRE DE LA CITOLÉGIE

Méthode de Lecture autorisée et même recommandée la première aux écoles normales par le Conseil supérieur de l'Instruction publique.

Syllaber n'est pas lire : les syllabes isolées n'ont aucun sens pour personne.

In-12 de 36 pages. Broché. . . . . 10 c.
—   Cart. . . . . . . 15 c.

LA CITOLÉGIE DES SALLES D'ASILE

en 8 tableaux. . . . 1 fr. 25

LE CALCUL MENTAL

ou

LE CALCUL LE PLUS ÉLÉMENTAIRE

14 Tableaux in-plano, à l'usage des salles d'Asile, de Ecoles d'enseignement simultané et d'enseignement mutuel

Prix en feuilles : 2 fr.

Saint Denis. — Typographie de A. Moulin.

SAINT-DENIS. — TYPOGRAPHIE DE A. MOULIN.